10 STEP

8단계

청지기의 삶

순출판사
CCC 한국대학생선교회

8단계 청지기의 삶

1985년 2월 28일 초판 발행
2013년 6월 24일 개정판 1쇄 발행
2024년 8월 9일 개정판 6쇄 발행

지 은 이 빌 브라이트
발 행 처 순출판사
감 수 교육 & 개발팀
디 자 인 아이엠크리에이티브
일러스트 아이엠크리에이티브
주 소 서울시 종로구 백석동 1가길 2-8
전 화 02)722-6931~2 팩 스 02)722-6933
인 터 넷 http://www.kccc.org
등록번호 제 2020-000159호

값 2,500원
ISBN 978-89-389-0270-2

책 내용과 관련된 문의는 한국대학생선교회_교육 & 개발팀 (02-397-6267)으로 문의 바랍니다.

CCC 10단계 성경교재

〈개정판〉

그리스도인은 날마다 영적으로 성장해야 합니다. 그리스도인이 성숙할수록 주님의 은혜를 더욱 풍성히 누리고 또 세상에서 주님을 위해 영향력 있는 삶을 살 수 있습니다.

CCC 10단계 성경교재〈개정판〉은 영적 성장에 필요한 하나님 말씀의 기본적이고 핵심적인 내용들을 담고 있습니다. 이 책을 공부하면 성경에 대한 지식과 중요한 교리뿐만 아니라 기독교 신앙의 광범위한 개관을 체계적으로 알 수 있으며 그리스도인의 삶의 특성과 그리스도인의 특권과 책임에 대해서도 배울 수 있습니다. 또한 나 자신의 영적 성장만 아니라 다른 사람을 그리스도에게 인도하거나 그의 믿음이 성장하도록 도울 수 있습니다.

이 교재는 중 · 고등학생에서부터 대학생과 성인, 모두가 사용할 수 있으며, 혼자서 공부할 수도 있고 그룹으로 함께 공부할 수 있는 주제별 성경공부 교재입니다.

CCC 10단계 성경교재〈개정판〉은 국제 CCC 창설자이신 고(故) 빌 브라이트 박사님의 지도하에 만들어진 책입니다. 책의 앞에 나오는 글은 빌 브라이트 박사가 하신 이야기입니다. 이 책은 본래 있던 교재를 다시 개정한 것입니다.

순(筍)

이새의 줄기에서 뻗어 나온 연한 순(筍)은 주님을 가리킨다(사 11:1; 53:1-12). 순은 가지에서부터 무한히 뻗는 동안 잎과 꽃과 열매를 맺는다. 순은 자신을 위해 있는 것이 아니라 숨어버리는 무한한 생명의 전달자요, 나룻배요, 어머니요, 수단이요, 기능일 뿐이다. 오늘도 CCC의 순(제자화를 위한 소그룹)은 이 땅에 '푸르고 푸른 그리스도의 계절'이 오도록 강인한 생명력으로 힘차게 뻗어가고 있다.

순(筍)출판사는 주님의 지상명령 성취와 한국 교회를 섬기기 위한 CCC의 문서사역을 감당합니다.

10 STEP

그리스도인의 성장을 위한

CCC 10단계 성경교재

청지기의 삶

하나님의 부요하심

하나님은 우리가 소유한 모든 것의 주인이시며 우리의 모든 필요를 채우는 근원이시다.

하나님이 우리에게 복을 주시고, 그 복에 대한 청지기직(stewardship) 또한 우리에게 위임하셨다. 청지기란 무엇을 의미하는가? 한 청년이 이렇게 대답했다. "인생은 많은 짐을 싣고 다양한 장소의 수많은 사람들에게 그 짐을 나르는 배와 같습니다. 하나님이 그 배의 주인이시고 저는 그 배의 선장입니다. 하나님이 그 많은 물건들을 실어다 사람들에게 나눠 주는 책임을 저에게 맡기신 것이라고 할 수 있습니다."

신약성경에는 청지기를 의미하는 두 개의 단어가 나온다. 하나는 주인집의 자녀들과 집안의 모든 일을 맡아 돌보고 관리하는 의미로 쓰였고, 다른 하나는 주인집 재산만을 관리하는 의미로 쓰였다. 두 단어 모두 '다른 사람의 일이나 재산을 위임받아 관리한다.'는 뜻이 있다. 하나님은 우리가 소유한 모든 것의 주인이시며, 우리의 모든 필요를 채워 주시는 공급원이시다. 그분은 우리를 청지기로 부르시고 이 모든 것들의 관리를 우리에게 맡기셨다. 이 원리는 우리 자신을 포함해 우리의 재정, 시간, 재능 등 모든 소유에 적용된다. 이 진리는 우리의 삶에 매우 중요하다. 하나님이 모든 것을 우리에게 맡기셨다는 이 청지기 의식은 '기꺼이 드리는 마음'(헌신/헌금)의 기초가 되기 때문이다. 하나님은 개인의 재능에 따라 우리에게 맡기셨던 것들에 대해 마지막 날에 우리가 어떻게 관리를 했는지 결산하신다(마 25:14-30; 롬 14:12).

믿음으로 드리는 것은 하나님이 우리에게 주신 놀라운 특권이다. 우리가 헌신과 순종으로 청지기직을 수행하여 하나님을 영화롭게 하면, 하나님은 우리를 기쁨으로 충만하게 하실 것이다. 믿음으로 드릴 때 하나님은 모든 그리스도인이 스릴 넘치는 탐험으로 가득한 삶을 살아가게 해주신다.

다음의 여섯 가지 사실은 청지기직을 신실하게 수행하고, 풍성한 복을 누릴 수 있는 비결을 알려 줄 것이다.

첫째, 당신이 소유하고 있는 것은 모두 하나님의 것이다. 우리가 소유한 모든 것은 하나님이 은혜로 주신 선물이다. 시편 기자는 "땅과 거기에 충만한 것과 세계와 그 가운데에 사는 자들은 다 여호와의 것이로다."(시 24:1)라고 기록하고 있다. 하나님의 소유권은 영원하며 변하지 않는다. 그분은 이 소유권을 결코 포기한 적이 없고 포기하시지도 않으신다. 하나님은 우리 각자에게 하나님의 뜻을 행할 수 있도록 시간과 독특한 재능과 충분한 자원을 주셨다. 신실한 청지기로서 우리가 해야 할 일은 하나님께 영광을 돌리기 위해 주신 복들을 잘 관리하는 것이다.

둘째, 우리가 드릴 때 더 풍성하게 된다. 사도행전 20:35에 "주는 것이 받는 것보다 복이 있다."는 주님의 말씀이 기록되어 있다. 왜 그런가? 그리스도께 순종함의 표현으로 자신과 물질을 사람들에게 나눠 줄 때, 하나님은 당신의 모든 필요들을 더 풍성히 채워 주실 것이다(눅 6:38). 당신이 부유하든 가난하든, 부한 곳에서 하나님을 섬기든 아주 가난한 곳에서 하나님을 섬기든 이 원리는 동일하다. 그러나 많은 그리스도인들이 부유함과 가난함에 상관없이 베푸는 삶을 배우지 못했고, 이 약속의 실제를 경험하지 못하고 있다.

당신이 아무리 많이 드린다 해도 그것이 하나님께 너무 많이 드린 것이 될 수는 없다. 하나님이 당신에게 주신 복이 당신이 하나님께 드리는 것을 훨씬 능가하기 때문이다. 이것이 하나님의 법칙이다. 하나님이 주시고 당신은 받는다. 당신이 드리고 하나님이 받으신다. 하나님께서는 당신이 드린 것 이상의 선물로 넘치도록 갚아 주신다. 이 복의 과정을 주도하시는 분이 하나님이심을 기억하라. 하나님께서 이렇게 갚아 주시는 목적은 단지 당신이 드린 것에 대해 보상이 아니라, 하나님 나라의 목적을 이루고 지상명령 성취를 위해 더 많은 것들을 드릴 수 있도록 하기 위함이다. 이 순환의 고리는 계속 반복해서 이루어진다(고후 9:6-8, 10, 11).

셋째, 믿음으로 드려라. 이 원리는 하나님의 말씀을 믿고 그분이 신실하게 채워 주실 것을 기대하며 풍성히 베푸는 것을 말한다. 바울은 "나의 하나님이 그리스도 예수 안에서 영광 가운데 그 풍성한 대로 너희 모든 쓸 것을 채우시리라."(빌 4:19)고 말한다.

우리는 이 구절을 통해 믿음으로 드리는 것에는 세 가지 전제가 있음을 알 수 있다.

1. 하나님이 우리의 완전한 공급원이 되신다.
2. 우리가 드리는 것은 그분이 주신 자원을 드리는 것이지 우리 자신의 것을 드리는 것이 아니다.
3. 끝없는 하나님의 부요하심에 우리를 연결해 주시는 분은 예수 그리스도이시다.

하나님의 자녀인 우리는 "그리스도 안에서 하늘에 속한 모든 신령한 복"을 받아 그리스도와 함께 공동 상속자로 하늘에서 하나님 우편에 앉아 있다(엡 2:6; 1:3). 그리스도를 우리의 구주와 주님으로 영접하는 순간 이러한 유산을 받게 된다(엡 1:14). 우리 주 예수 그리스도의 하늘에서의 영광스러운 지위 때문에, 또 그분이 성령을 통해서 지금 우리와 함께 계시기 때문에 우리는 그분 안에서 모든 것을 풍성하게 소유하고 있다.

넷째, 우리는 심은 대로 거둔다. 이 원리는 우리 삶의 물질적인 영역과 영적인 영역에서 똑같이 작용한다.

바울은 영적인 진리를 강조하기 위해 이 원리를 다음과 같이 사용하고 있다.

"스스로 속이지 말라 하나님은 업신여김을 받지 아니하시나니 사람이 무엇으로 심든지 그대로 거두리라 자기의 육체를 위하여 심는 자는 육체로부터 썩어질 것을 거두고 성령을 위하여 심는 자는 성령으로부터 영생을 거두리라"(갈 6:7-8).

심은 대로 거두는 수확의 법칙이 삶의 물질적인 영역에도 그대로 적용된다.

"심는 자에게 씨와 먹을 양식을 주시는 이가 너희 심을 것을 주사 풍성하게 하시고 너희 의의 열매를 더하게 하시리니"(고후 9:10).

이 구절은 다른 교회들의 필요를 채워 주기 위해 고린도교회가 헌금하는 상황에서 한 말씀이지만, 이 말씀의 원리는 사랑, 기쁨, 평안 등 '베푸는' 모든 것에 적용할 수 있다. 병든 자, 고아, 수감자를 돌보는 시간이나, 우리가 살고 있는 지역을 더 나은 곳으로 만들기 위해 우리의 재능을 사용하는 것에도 적용된다. 수확의 법칙은 단순하다. 거두기 위해서는 먼저 씨를 뿌려야 한다. 풍성한 추수를 하려면 가장 좋은 씨를 뿌려야 한다. 이것은 우리 삶에서 가장 최선의 것, 즉 최선의 시간, 최선의 재능, 최선의 재물 등을 하나님께 드려야 한다는 것을 의미한다.

다섯째, 하나님을 영화롭게 하기 위해 드려라. 하나님의 무한한 자원의 청지기인 우리는 단 하나의 목적, 즉 하나님을 영화롭게 하는 목적을 가지고 있다. 우리가 이 우선순위를 명확하게 하지 않으면 우리의 필요에 급급해서 쉽게 이 목적을 놓칠 수 있다. 하나님의 말씀은 우리가 정확한 우선순위를 갖게 도와준다.

우리의 최우선은 하나님이다. 우리의 두 번째 우선순위는 가정이다. 가정은 창조주 하나님에 의해 만들어진 첫 제도이기 때문에(창 1:27, 28) 하나님과 가정의 우선순위 사이에는 어떤 갈등도 있을 수 없다. 오히려 성경은 가족들의 필요를 채우라고 명령하고 이것이 믿음을 가졌다는 증거라고 말한다(딤전 5:8). 또한 우리가 가난하고 어려운 사람들을 돌보거나, 우리의 시간, 재능, 물질을 가지고 사회의 복지를 위해 봉사할 때, 그리고 불신자들이 사람들을 변화시키는 예수 그리스도의 능력을 보게 될 때, 하나님을 영화롭게 할 수 있다.

우리의 최우선 순위는 하나님을 사랑하고 순종하며 영화롭게 하는 것이다. 청지기직의 주된 목적은 우리의 시간과 재능과 물질을 하나님과 주님의 지상명령 성취를 위해 최우선으로 사용하는 것이다. 여기에 우리 주님을 높이고, 거룩한 하나님의 말씀을 선포하며, 지상명령 성취를 위해 적극적으로 사역하는 지역교회와 선교단체를 통해 하나님 나라에 드리는 것도 포함한다. 전도와 제자화 그리고 지상명령 성취에 직접적으로 참여하지 않거나 교회나 선교단체의 사역을 위해 하나님께서 우리에게 맡기신 자원들을 투자하지 않는다면, 이것은 청지기직을 바르게 수행하는 것이 아니다.

여섯째, 마음을 다해 드려라. 선한 청지기직의 본질적인 부분은 그 동기다. 동기가 우리가 드리는 이유를 결정하기 때문이다. 경건한 동기는 하나님을 기뻐하며 사랑하는 마음에서 나온다. 하나님을 기쁘시게 하고 그분께 우리의 사랑을 표현하기 위해서 드려야 한다. 우리가 드리는 것은 천국에 보물을 쌓아 놓으라는 하나님의 명령에 순종하는 것이다. 이 세상에 하나님의 풍부한 자원을 전달하는 통로가 되기 위해 드려야 한다. 세상에 복음이 전파되는 것을 위해 드리는 것은 그리스도의 지상명령 성취를 돕는 것이다(눅 12:43; 딤전 6:5-6; 고후 5:9; 마 28:19). 하나님의 영광이라는 목적을 성취하기 위해서는 성령의 능력으로 올바른 동기를 갖는 것이 필수적이다.

제1과

모든 것의 주인이신 하나님

학 습 목 표 : 모든 것에 대한 하나님의 소유권을 인정하고, 우리가 가진 모든 것을 기꺼이 하나님께 드릴 수 있다.

나의 가장 친한 친구이며 오랫동안 CCC 이사로 주님을 섬겼던 아더 디마스(Arthur DeMoss)는 경건한 천부적인 사업가였다. 그는 자신의 사업 분야에서 큰 성공을 거두었고 그의 재산은 6,000억 원이 넘었다.

그런데 경제가 침체되면서 갑자기 그의 회사 주식이 폭락했다. 단 넉 달 만에 3,600억 가량의 손실을 봤다. 하루 평균 3억 원의 손실을 본 것이다. 지금까지 단 기간에 그렇게 큰 손실을 본 것은 그가 처음이었다. 사람들은 그가 망연자실하여 기부금과 헌금을 대폭 줄일 것이라고 생각했을 것이다. 그러나 그는 오히려 헌금을 늘렸다. 그때 우리가 함께 대화를 나눈 적이 있는데 그는 오히려 하나님을 기뻐하고 있었다.

"제가 가진 것은 전부 하나님이 주신 것입니다. 모든 것이 그분의 것이기 때문에 그분이 주신 것을 다시 다 가져가신다 해도 그것은 그분의 뜻이지요. 저는 전과 다름없이 잠을 잘 자고 있습니다. 사랑하는 가족이 여전히 제 곁에 있으니까요. 저는 하나님께서 저에게 하라고 하시는 것이라면 무엇이든지 할 것입니다. 하나님께서 제게 맡기셨던 것을 다 그분께 드리고 선교현장으로 가라고 하시면 저는 기꺼이 갈 준비가 되어 있습니다. 그분이 말씀하시면 전 뭐든지 따를 것입니다."라고 말했다.

아더는 재산이 아니라 하나님을 전적으로 신뢰하고 있었다. 하나님께서는 그의 믿음과 순종을 귀하게 여기시고 나중에는 손실액을 다 회복해 주셨고 그 이상으로 채워 주셨다. 지금 아더는 이 세상을 떠나 주님 품에 가 있지만 그가 남긴 재산은 여전히 하나님의 영광을 위해 쓰이고 있다.

아더의 이야기는 그리스도인들이 자유를 누리며 살 수 있는 원리를 보여 준다. 하나님께서 맡기신 모든 것을 신실하게 사용하고 우리 삶의 모든 것이 하나님의 것임을 분명하게 기억한다면, 설령 우리가 물질적인 손해를 본다 해도 그것은 하나님께서 나 대신 다른 사람에게 그 물질을 관리하게 하셨다는 의미로 받아들일 수 있을 것이다.

이런 생각은 내 것이라고 생각했던 모든 것을 상실하게 되었을 때, 우리가 느끼는 감당할 수 없는 슬픔과 두려움을 제거해 준다. 사실 그것은 내 것이 아니기 때문이다. 우리가 비극을 당하는 순간에도 하나님은 결코 우리를 버리지 않으시고 우리의 모든 필요를 채워 주신다. 우리가 할 일은 그분을 전적으로 신뢰하는 것이다.

1 창조로 인한 하나님의 소유권

1) 하나님이 만물을 창조하셨다는 사실이 만물과 하나님의 관계에 대해 무엇을 말해 주는가? (시 95:4-5)

2) 하나님은 사람을 어떻게 만드셨는가? (창 1:26)

창세기 1:26 하나님이 이르시되 우리의 형상을 따라 우리의 모양대로 우리가 사람을 만들고 그들로 바다의 물고기와 하늘의 새와 가축과 온 땅과 땅에 기는 모든 것을 다스리게 하자 하시고

사람은 하나님에 의해, 하나님을 위해, 하나님의 형상대로 창조되었다. '하나님의 형상'은 무엇을 의미하는가? 기본적으로 하나님의 형상은 인격의 특성인 지성, 감정, 의지를 포함한다. 하나님께서 지성과 감정과 의지를 가지신 것처럼 사람도 지성(창 2:19)과 감정(창 3:10)과 의지(창 3:6)를 가지고 있다. 인간은 하나님을 알 수 있는 지성을 가지고 있고, 하나님을 사랑할 수 있는 감정을 지녔으며, 하나님을 섬길 수 있는 의지를 부여받았다.

모든 피조물들 중 지·정·의를 가진 사람만이 하나님과 교제를 나눌 수 있다. 가장 지적인 동물이라 할지라도 하나님을 의식하지 못하지만, 사람은 하나님과 대화할 수 있다.

3) 아담과 하와는 왜 하나님께서 먹지 말라고 하신 '선악을 알게 하는 나무'의 열매를 먹었는가? (창 3:1-7)

창세기 3장의 아담과 하와의 행동은 죄의 본질이 무엇인지를 깨닫게 해준다. 그들은 술에 취하지도 않았고 부도덕한 행동이나 살인과 같은 나쁜 일을 저지르지도 않았다. 다만 아담과 하와는 하나님의 명령에 불순종했을 뿐이다.

그들은 자신들에게 최상의 것을 주신 하나님을 더 이상 의존하지 않고 하나님께서 허락하지 않은 것들을 소유하려고 했던 것이다.

그들은 피조물로서 하나님이 자신들의 삶의 주인 되심을 인정하지 않고, 스스로 자신의 삶의 주인이 되어 자기 마음대로 살고 싶어 했다. 다시 말해, 그들의 삶에 대한 하나님의 소유권을 인정하지 않은 것이 죄의 본질이라고 할 수 있다.

4) 불순종은 인간의 지 · 정 · 의에 어떤 영향을 끼쳤는가?

(1) 지성 (고후 4:2, 4):

고린도후서 4:2 이에 숨은 부끄러움의 일을 버리고 속임으로 행하지 아니하며 하나님의 말씀을 혼잡하게 하지 아니하고 오직 진리를 나타냄으로 하나님 앞에서 각 사람의 양심에 대하여 스스로 추천하노라

고린도후서 4:4 그 중에 이 세상의 신이 믿지 아니하는 자들의 마음을 혼미하게 하여 그리스도의 영광의 복음의 광채가 비치지 못하게 함이니 그리스도는 하나님의 형상이니라

하나님께 대한 불순종은 인간 지성의 타락을 초래했다. 무신론 사상, 인본주의 사상, 우상 숭배 등이 이를 반영한다. 하나님은 아담에게 그분이 지으신 모든 생물들의 이름을 짓게 하셨다(창 2:19). 이는 사람에게 모든 사물의 본질을 알고 그 본질에 따라 알맞은 이름을 지을 수 있는 지성이 있었다는 것을 말해 준다. 그러나 사람이 타락한 후에는 하나님이 만드신 피조물을 신으로 섬기는 등 지성의 타락을 가져왔다.

(2) 감정 (렘 17:9):

예레미야 17:9 만물보다 거짓되고 심히 부패한 것은 마음이라 누가 능히 이를 알리요마는

사람의 감정 역시 타락했다. 아름다움, 기쁨, 사랑, 불쌍히 여김, 긍휼히 여김 등의 감정보다는 우울, 미움, 분노, 파괴적임, 잔인함, 폭력을 즐김 등이 인간에게 더 강하게 나타나게 되었다.

(3) 의지 (롬 5:12; 6:20):

로마서 5:12 그러므로 한 사람으로 말미암아 죄가 세상에 들어오고 죄로 말미암아 사망이 들어왔나니 이와 같이 모든 사람이 죄를 지었으므로 사망이 모든 사람에게 이르렀느니라

로마서 6:20 너희가 죄의 종이 되었을 때에는 의에 대하여 자유로웠느니라

이제 사람의 의지는 죄의 포로가 되었다. 그리스도 안에 있지 않는 모든 사람은 죄의 종이다. 죄의 포로가 된 사람은 하나님을 섬길 수 없고 실제로 하나님을 섬기지 않는다.

5) 인간의 죄가 세상에 어떤 영향을 끼쳤는가? (롬 5:12; 창 3:17-18; 롬 8:22)

2 구속으로 인한 하나님의 소유권

1) 죄와 죽음의 종이 된 우리를 위해 하나님은 무엇을 하셨는가? (롬 5:8-10)

2) 예수 그리스도의 죽으심으로 우리는 하나님과 화해하고 회복되었다. 우리는 지금 누구에게 속해 있는가? (고전 6:19-20; 사 43:1)

> 고린도전서 6:19-20 19너희 몸은 너희가 하나님께로부터 받은바 너희 가운데 계신 성령의 전인
> 줄을 알지 못하느냐 너희는 너희 자신의 것이 아니라 20값으로 산 것이 되었으니 그런즉 너희
> 몸으로 하나님께 영광을 돌리라
>
> 이사야 43:1 야곱아 너를 창조하신 여호와께서 지금 말씀하시느니라 이스라엘아 너를 지으신 이가 말씀하시느니라 너는 두려워하지 말라 내가 너를 구속하였고 내가 너를 지명하여 불렀나니 너는 내 것이라

3 우리의 책임

1) 하나님이 창조하심으로 우리는 하나님의 소유였으나, 인간이 스스로 자신의 삶의 주인이 되고자 함으로 죄의 종이 되었다. 그러나 하나님은 예수 그리스도를 통하여 우리를 구원하셨고 우리의 삶의 소유권이 다시 진정한 주인이신 하나님께 있도록 하셨다. 그렇다면 하나님께 대한 우리의 반응은 어떠해야 하는가? (고후 5:14-15; 롬 12:1-2)

2) 이스라엘이 여호와를 버리고 바알 신을 섬기자 하나님께서 3년간 비를 주시지 않아서 기근이 심하게 되었다. 이때 엘리야가 이스라엘의 아합 왕과 백성들 앞에서 바알 선지자들을 불러놓고 바알신과 여호와 중 누가 진정한 하나님인지 대결을 제안한다. 엘리야는 당시 이스라엘 사람들을 향해 어떤 선택을 요구했는가? (왕상 18:21)

3) 많은 그리스도인들이 세상과 타협하려고 하기 때문에 하나님께 온전히 충성하지 못한다. 예수님은 그런 행위를 어떻게 보셨는가? (마 12:30; 계 3:15-16; 마 6:24)

마태복음 12:30 나와 함께 아니하는 자는 나를 반대하는 자요 나와 함께 모으지 아니하는 자는 헤치는 자니라

요한계시록 3:15~16 [15]내가 네 행위를 아노니 네가 차지도 아니하고 뜨겁지도 아니하도다 네가 차든지 뜨겁든지 하기를 원하노라 [16]네가 이같이 미지근하여 뜨겁지도 아니하고 차지도 아니하니 내 입에서 너를 토하여 버리리라

마태복음 6:24 한 사람이 두 주인을 섬기지 못할 것이니 혹 이를 미워하고 저를 사랑하거나 혹 이를 중히 여기고 저를 경히 여김이라 너희가 하나님과 재물을 겸하여 섬기지 못하느니라

엘리야의 논리대로 우리는 둘 중의 하나를 선택해야 한다. 예수 그리스도가 나의 삶의 주인이든지, 내가 내 삶의 주인이든지 둘 중 하나를 선택해야 한다. 한 사람이 두 주인을 섬길 수 없다(마 6:24). 예수 그리스도가 나의 주님이시고 하나님이시라면 오직 그 분만 섬기고 충성해야 한다. 우리 자신과 우리에게 속한 모든 것이 주님의 것임을 인정하고, 우리의 몸을 주님께 드려 헌신하고 충성하는 것이 바로 주님께서 원하시는 청지기의 삶이다.

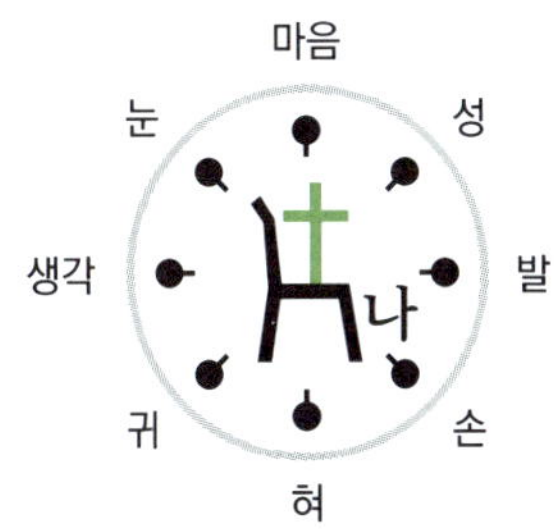

적용

1. 이 과에서 당신에게 가장 의미 있는 것은 무엇인가?

2. 당신 생활 가운데 하나님의 다스리심에 맡기지 못한 부분은 무엇인가?
   만일 그것을 하나님께 맡긴다면 하나님께서 어떻게 하실 것이라고 생각하는가?

외울 말씀 역대상 29:11
여호와여 위대하심과 권능과 영광과 승리와 위엄이 다 주께 속하였사오
니 천지에 있는 것이 다 주의 것이로소이다 여호와여 주권도 주께 속하였
사오니 주는 높으사 만물의 머리이심이니이다

읽을 말씀 창세기 1-3장

제2과

좋은 청지기, 나쁜 청지기

학 습 목 표 : 성경에 나오는 청지기직의 모범을 따를 수 있다.

1 청지기란 무엇인가?

1) 청지기라는 말에서 생각나는 특징들은 무엇인가?

웹스터 영어사전에 따르면, 청지기란 다른 사람의 집 혹은 재산을 관리하도록 위탁받은 사람으로, 그는 집안의 대소사를 살피고 하인들을 감독하며 수입이나 세금, 은행 잔고 등을 관리하기 위해 고용된 사람이다. 청지기는 주인이 아니다. 주인이 청지기에게 자기 소유를 관리할 책임을 주면 그는 맡겨진 재산과 재물을 관리하고 결산하여 주인에게 보고한다.

2) 요셉은 어떤 면에서 좋은 청지기라고 할 수 있는가? (창 39:1-10, 20-23)

3) 삼손은 어떤 면에서 좋지 않은 청지기인가? (삿 13:1-5; 16:4-31)

나실인이란? 민수기 6:1-21에 의하면, 자기 몸을 거룩하게 구별하여 여호와께 드린 사람을 말한다. 나실인은 포도주와 독주를 금하고 머리를 자르지 않으며 시체를 가까이 하지 않음으로 자기 몸을 거룩하게 구별하였다. 나실인은 제사장이 아닌 일반 백성이 특정 기간 동안 하나님께 자신을 온전히 헌신하여 드리겠다고 서약함으로 이루어졌다. 나실인의 헌신은 모든 이스라엘 백성에게 온 마음을 다해 하나님을 따르도록 도전을 주었다.

4) 청지기의 자질은 무엇이라고 생각하는가?

5) 우리는 무엇에 청지기가 되어야 하는가?

성경에서 말하는 청지기란 그리스도 안에서만 진정한 삶의 활동과 존재의 의미를 갖는 사람들을 가리킨다. 하나님은 우리의 주인이시고 우리는 하나님을 위해 살아야 한다. 왜냐하면 우리에게 최선의 것이 무엇인지 아시는 하나님을 신뢰하기 때문이다. 그리스도인은 개성, 시간, 재능, 권력, 재산 등 삶의 모든 것을 그리스도께 바친다. 이것이 청지기의 본분이다.

"이러므로 우리 각 사람이 자기 일을 하나님께 직고하리라"(롬 14:12).

"이는 우리가 다 반드시 그리스도의 심판대 앞에 나타나게 되어 각각 선악간에 그 몸으로 행한 것을 따라 받으려 함이라"(고후 5:10).

위의 말씀은 우리 각자가 자신이 한 일에 대해 나중에 하나님 앞에서 모두 평가받게 된다고 가르친다. 오직 주님을 위해 행하고 견딘 일만이 상을 받고, 그렇지 않은 모든 것은 다 잃어버리게 될 것이다. 이것이 청지기 삶에 대한 정확한 이해이다.

그러므로 만물의 소유주는 하나님이시며, 다만 우리는 그분이 주신 것의 청지기라는 사실을 명심해야 한다. 모든 물질적 존재와 영적 존재의 주권을 가지신 분은 하나님이며, 우리에게 허용된 것은 하나님께서 우리를 사랑하셔서 주신 것임을 기억해야 한다.

2 예수님의 청지기직

1) 예수님이 이 세상에 사실 때 삶의 최고의 목적은 무엇이었는가? (히 10:7; 요 6:38)

히브리서 10:7 이에 내가 말하기를 하나님이여 보시옵소서 두루마리 책에 나를 가리켜 기록된 것과 같이 하나님의 뜻을 행하러 왔나이다 하셨느니라

요한복음 6:38 내가 하늘에서 내려온 것은 내 뜻을 행하려 함이 아니요 나를 보내신 이의 뜻을 행하려 함이니라

2) 예수님께서 완벽하게 청지기직을 수행하셨음을 보여 주는 말씀과 행위들을 적어 보라.

(1) 말씀

요한복음 7:16; 8:28

요한복음 5:19, 30

(2) 행위

빌립보서 2:5-8

예수님은 그의 삶 속에서 하나도 자신의 뜻대로 하신 것이 없었다. 삶의 최고의 목적도 하나님의 뜻을 이루는 것이고 말, 행동, 가르침도 자신의 것이 없고 다 하나님의 것이라고 말씀하셨다. 뿐만 아니라 자신을 온전히 비우고 낮추셔서 종의 모습으로 죽기까지 복종하셨다.

모든 것을 자기 것으로 여기지 않고 하나님이 주신 것으로 여기며 충성스럽게 하나님의 뜻을 이루시는 예수님의 삶은 청지기로서 모범을 우리에게 보여 준다.

적용

1. 이 과에서 당신에게 가장 의미 있는 것은 무엇인가?

2. 예수님이 보여 주신 모범을 어떻게 하면 당신의 삶에 최선으로 적용할 수 있겠는가? 구체적으로 적어 보라.

외울 말씀 요한복음 8:28

이에 예수께서 이르시되 너희가 인자를 든 후에 내가 그인 줄을 알고 또 내가 스스로 아무것도 하지 아니하고 오직 아버지께서 가르치신 대로 이런 것을 말하는 줄도 알리라

읽을 말씀 누가복음 23-24장; 골로새서 1-2장

제3과

시간의 청지기

학 습 목 표 : 하나님께서 우리 각자에게 허락하신 시간의 지혜로운 청지기가 될 수 있다.

우리에게 주어진 시간에 대해 성경은 어떻게 가르치는가?

시간은 모든 사람에게 공평하다. 남녀노소, 지위고하를 막론하고 우리는 모두 똑같이 하루 24시간을 살고 있다. 우리는 이 시간 속에서 여러 가지 필요와 책임과 의무를 감당한다. 좋은 남편과 아내, 좋은 엄마와 아빠, 좋은 사장과 사원이 되기 위해 시간을 할애한다. 또한 우리는 그리스도인으로서 여러 가지 책임을 가지고 있다. 하나님과의 교제를 위한 기도와 말씀 묵상, 전도와 제자화사역, 교회사역, 구제활동 등을 해야 한다. 이 모든 일들이 서로 다퉈가며 우리의 시간을 요구하고 있다. 어떻게 해야 이 모든 책임들을 균형 있게 감당할 수 있을까?

예배 행위의 하나인 십일조는 물질보다 하나님을 최우선으로 하는 것을 가르친다. 십일조를 드리는 것은 물질을 주신 하나님께 감사와 순종의 표현이다. 하나님이 우리가 소유한 모든 것의 원천이며 소유자이심을 인정하는 것이다. 우리의 모든 소유가 하나님의 선물인 것처럼 하루 24시간도 하나님의 선물이다.

하나님의 말씀은 우리에게 시간의 십일조를 드리라고 구체적으로 요구하시지는 않지만, 모든 일에 하나님을 최우선에 둘 것을 명령하신다(마 6:31-33). 시간의 십일조를 드리 듯 매일 하나님을 최우선 순위에 두고 하나님과 교제의 시간을 갖는다면, 우리 삶의 모든 일들을 효과적으로 감당할 수 있을 것이다.

1 시간을 올바로 이해하기

시편 90:1-12을 읽으라.

1) 하나님께서 우리에게 허락하신 시간 사용과 관련해 우리는 어떻게 기도해야 하는가?

2) 시간을 잘 사용하는 것이 왜 중요한가? (약 4:13-15)

> 야고보서 4:13-15 13들으라 너희 중에 말하기를 오늘이나 내일이나 우리가 어떤 도시에
> 가서 거기서 일 년을 머물며 장사하여 이익을 보리라 하는 자들아 14내일 일을 너희가 알지
> 못하는도다 너희 생명이 무엇이냐 너희는 잠깐 보이다가 없어지는 안개니라 15너희가 도리어
> 말하기를 주의 뜻이면 우리가 살기도 하고 이것이나 저것을 하리라 할 것이거늘

이 세상에서 인간의 삶은 영원하지 않다. 각자에게 주어진 시간은 한정되어 있다. 자신이 시간을 늘리거나 줄일 수 없다. 그리고 주어진 시간도 매우 짧다. 시편 90:5, 10에서 모세는 우리의 인생이 어찌 그리 짧은지 마치 '잠깐 자는 것 같고 아침에 돋았다가 저녁에 시드는 풀'과 같으며, 시간이 날아간다고 말한다. 그 짧은 시간조차도 얼마나 살 수 있을지 70년을 살 수 있을지 80년을 살 수 있을지 알 수 없다. 우리는 내일 일을 전혀 알 수 없는 연약한 존재이다. (참고, 잠 27:1; 마 6:34)

3) 주님은 시간을 맡은 청지기인 우리에게 무엇을 요구하는가? (시 62:8)

시편 62:8 백성들아 시시로 그를 의지하고 그의 앞에 마음을 토하라 하나님은 우리의 피난처시로다

성경은 하나님께서 우리가 최선의 삶을 살도록 도와주신다고 말한다. 시편 32:8에서는 "너희가 마땅히 가야 할 길을 내가 몸소 너희에게 가르쳐 주리라. 너희에게서 나의 두 눈을 항상 떼지 않고, 너희를 올바른 길로 인도해 주리라."(『쉬운말성경』)고 주님이 약속하셨다.

4) 주님은 자신이 재림할 때까지 시간의 청지기로서 우리에게 어떻게 살라고 말씀하셨는가? (막 13:33-37)

5) 주님께 순종하는 지혜로운 청지기라면 어떻게 시간을 선용해야 하는가? (엡 5:15-16)

(1) 시간을 선용하는 것과 지혜는 어떤 관계가 있는가?

(2) 시간을 선용하는 것과 악한 날과는 어떤 관계가 있는가?

우리는 전도서 3:1에서 '천하의 모든 일에 기한이 있고, 모든 목적을 이룰 때'가 있다는 사실을 배운다. 예수 그리스도의 삶을 통해 그 사실을 배울 수 있다. 세상에서 예수님의 사역 기간은 오직 3년 반이었다. 이 짧은 기간에 주님은 하나님의 목적을 이루는 데 필요한 모든 일들을 조화롭게 수행하셨다. 세상을 떠나시기 직전에 주님은 "아버지께서 내게 하라고 주신 일을 내가 이루어 아버지를 이 세상에서 영화롭게 하였다."고 말씀하셨다(요 17:4). 예수님은 짧은 기간에 역사상 그 어떤 사람보다 더 중요한 일을 하셨고 거의 2,000년 이상 계속되고 있는 범세계적 운동을 시작하셨다.

2 하나님과 바른 관계 맺기

시간을 지혜롭게 사용하는데 가장 중요한 것은 하나님과 바른 관계를 갖는 것이다. 예수님도 바쁜 일정 속에서 지혜롭게 시간을 사용하시기 위해 하나님과의 관계를 최우선으로 두셨다(막 1:35).

1) 지혜로운 청지기인 우리는 시간 선용을 위해 무엇을 알고 있어야 하는가? (엡 5:17)

2) 우리의 청지기직에 대한 하나님의 뜻을 완전하게 알려면 무엇이 필요한가? (엡 5:18)

3) 충실한 청지기가 직분을 능히 감당할 수 있도록 성령께서 무엇을 주시는가? (행 1:8)

사도행전 1:8 오직 성령이 너희에게 임하시면 너희가 권능을 받고 예루살렘과 온 유대와 사마리아와 땅 끝까지 이르러 내 증인이 되리라 하시니라

4) 청지기는 누구의 이름으로 그의 직분을 수행해야만 하는가? (골 3:17)

골로새서 3:17 또 무엇을 하든지 말에나 일에나 다 주 예수의 이름으로 하고 그를 힘입어 하나님 아버지께 감사하라

5) 하나님의 청지기인 우리가 시간을 최대한 선용하려고 할 때 반드시 가져야 할 태도는 어떤 것인가? (엡 5:19-21)

3 지혜로운 시간 사용

어느 날 아침 '남쪽 밭'을 갈러 간다고 자기 아내에게 말했던 한 농부의 이야기이다. 그는 트랙터에 기름을 넣기 위해 아침 일찍 주유소로 출발했다. 주유소로 가는 길에 돼지에게 먹이를 주지 않은 것이 갑자기 생각났다. 돼지에게 먹이를 주려고 그는 옥수수 창고로 갔다. 거기서 먹이 자루를 발견했다. 그런데 그 자루들 옆에 있는 감자가 싹이 트고 있었다. 그는 감자를 심으려고 구덩이를 향해 가는 길에 장작더미 옆을 지나가게 되었다. 그때, 집에서 아내가 장작을 부탁했던 사실이 생각났다. 나무토막을 몇 개 줍고 있을 때 병든 닭이 지나가는 것이 보였다. 그는 장작을 땅에 내려놓고 그 닭을 쫓아갔다. 이미 날이 저물었지만 농부는 벌판에 세워둔 트랙터에는 가지도 못하고 낙심하고 말았다.

당신도 이러한 상황에 빠진 때가 있었는가? 어떻게 이 상황을 바꿀 수 있을까?

1) 하나님의 뜻을 분별하여 순종하는 지혜로운 청지기는 어떤 일에 시간을 선용해야 하는가? (막 16:15)

마가복음 16:15 또 이르시되 너희는 온 천하에 다니며 만민에게 복음을 전파하라

2) 하나님은 어떤 사람이 영혼을 얻는 사람이라고 말씀하셨는가? (잠 11:30; 단 12:3)

잠언 11:30 의인의 열매는 생명 나무라 지혜로운 자는 사람을 얻느니라

다니엘 12:3 지혜 있는 자는 궁창의 빛과 같이 빛날 것이요 많은 사람을 옳은 데로 돌아오게 한 자는 별과 같이 영원토록 빛나리라

3) 하나님은 한 영혼의 가치에 대해 어떻게 말씀하시는가? (막 8:36-37)

4) 한 사람이 회개하고 그리스도를 받아들이면 하나님 앞에서 어떤 일이 일어나는가? (눅 15:7, 10)

누가복음 15:7 내가 너희에게 이르노니 이와 같이 죄인 한 사람이 회개하면 하늘에서는 회개할 것 없는 의인 아흔아홉으로 말미암아 기뻐하는 것보다 더하리라

누가복음 15:10 내가 너희에게 이르노니 이와 같이 죄인 한 사람이 회개하면 하나님의 사자들 앞에 기쁨이 되느니라

5) 바울은 자신이 전도했던 사람들을 어떻게 생각했는가? (살전 2:19-20)

데살로니가전서 2:19-20 19우리의 소망이나 기쁨이나 자랑의 면류관이 무엇이냐 그가 강림하실 때 우리 주 예수 앞에 너희가 아니냐 20너희는 우리의 영광이요 기쁨이니라

적용

1. 이 과에서 당신에게 가장 의미 있는 것은 무엇인가?

2. 하루를 어떻게 보내는지 기록해 보는 것은 '시간의 청지기직 수행'을 평가하는 데 큰 도움이 될 것이다. 다음에 나오는 〈표1〉에 일, 수업, 수면, 예배, 오락 등에 사용하는 시간을 기록하라. 〈표2〉에 각 활동에 사용하는 하루 평균 시간을 적으라.

외울 말씀 시편 90:12
우리에게 우리 날 계수함을 가르치사 지혜로운 마음을 얻게 하소서

읽을 말씀 로마서 12장

적용

〈표1〉

	월	화	수	목	금	토	주일
6:00							
7:00							
8:00							
9:00							
10:00							
11:00							
12:00							
1:00							
2:00							
3:00							
4:00							
5:00							
6:00							
7:00							
8:00							
9:00							
10:00							
11:00							
12:00							

적용

〈표2〉

시간의 청지기직(하루 단위)	
공부와 수업/직장업무	
경건의 생활	
사역	
휴식	
사회생활	
운동	
출퇴근(통학)	
오락	
빨래와 청소	
기타	
시간 사용 총계	시간

1) 당신은 어느 영역에서 얼마의 시간을 사용하는가? 이렇게 사용되는 시간이 주님을 위한 시간인가?

2) 당신은 하나님과 교제하는 시간을 충분히 갖고 있는가? 만약 그렇지 못하다면 이 시간을 어떻게 가질 수 있는지 실제적인 방법들을 적어 보라.

제4과

은사와 재능의 청지기

학 습 목 표 : 우리의 은사와 재능을 알며, 이를 하나님의 영광을 위해 사용할 수 있다.

하나님은 인간을 창조하실 때 각 사람에게 독특한 자질과 능력을 부여하셨다. 교회는 각각 다른 은사를 가진 사람들로 구성되어 있다. 성경은 그리스도가 교회의 머리이시며 교회는 그리스도의 몸이라고 부른다(고전 12:27; 엡 5:23). 사람의 몸이 여러 지체로 구성되고 지체들이 각기 다른 일을 하듯이 교회도 각각 다른 은사를 가진 사람들이 모여서 교회를 세우고 성도들을 섬긴다.

그리스도인은 일반 은사와 영적 은사를 모두 가지고 있다. 사람은 육신으로 태어날 때 일반 은사(재능과 자질)를 부여받는다. 영적 은사는 성령께서 그리스도인들에게 주시는 특별한 능력이다. 이 능력을 가지고 그리스도인은 그리스도를 대신하여 다른 사람들을 섬길 수 있다. 영적 은사의 중요한 목적은 교회 공동체를 세우기 위한 것이다.

1 일반 은사

1) 당신은 어떤 재능(talents)과 자질(natural abilities)들을 가지고 있는가?

2) 당신은 그것들을 어떻게 알게 되었고 개발하게 되었는가?

3) 은사에 대한 당신의 태도는 어떠해야 하는가? (고전 4:6-7; 출 36:1-2)

고린도전서 4:6-7 6형제들아 내가 너희를 위하여 이 일에 나와 아볼로를 들어서 본을 보였으니
이는 너희로 하여금 기록된 말씀 밖으로 넘어가지 말라 한 것을 우리에게서 배워 서로 대적하여
교만한 마음을 가지지 말게 하려 함이라 7누가 너를 남달리 구별하였느냐 네게 있는 것 중에
받지 아니한 것이 무엇이냐 네가 받았은즉 어찌하여 받지 아니한 것 같이 자랑하느냐

출애굽기 36:1-2 1브살렐과 오홀리압과 및 마음이 지혜로운 사람 곧 여호와께서 지혜와 총명
을 부으사 성소에 쓸 모든 일을 할 줄 알게 하신 자들은 모두 여호와께서 명령하신 대로 할 것
이니라 2모세가 브살렐과 오홀리압과 및 마음이 지혜로운 사람 곧 그 마음에 여호와께로부터
지혜를 얻고 와서 그 일을 하려고 마음에 원하는 모든 자를 부르매

4) 당신은 태어날 때 부터 가지게 된 자연적인 재능에 대한 청지기로서 고전 10:31(참고, 골 3:17)을 어떻게 적용하겠는가?

고린도전서 10:31 그런즉 너희가 먹든지 마시든지 무엇을 하든지 다 하나님의 영광을 위하여 하라

우리는 각자의 은사들을 성경 말씀대로 사용할 책임이 있다. 주님이 각자에게 주신 능력을 무시한다면 우리는 주님의 선물에 대한 게으른 청지기이다.

2 영적 은사

1) 다음은 영적 은사에 관한 중요한 성경 구절들이다. 각 성경 구절들에 나타난 영적 은사들을 찾아보고 각각의 은사에 관해 간단히 정의해 보라. (성구 사전이나 성경 사전을 사용해도 좋다.)

로마서 12:3-8

고린도전서 12:1-31

에베소서 4:11-16

영적 은사	정의
가르침	
도움, 섬김, 자비	

리더십	
구제	
지혜, 지식	
믿음	
병 고침, 기적	
예언	
영 분별	
방언, 방언 통역	
권면(권고)	
전도	
목양	

* 사도직: 사도는 '보내심을 받은 자'라는 의미로, 특별히 예수님의 대리인으로 임명을 받은 제자들이다. 사도들은 예수님이 승천하신 이후 성령의 인도를 따라 교회를 세우고 감독했다. 나아가 수많은 교회에 리더십을 세우고, 교회에 나타난 영적인 일에 대해 하나님의 지혜와 권능을 보여 주는 직분이었다. 그들은 하나님의 말씀(신약성경)을 증거하고 기록하는 데 구약성경과 동일한 권위를 가졌다. 바울 이후에는 더 이상 사도로의 부르심이 없었다(마10:1; 막 3:13-15; 눅 6:13).

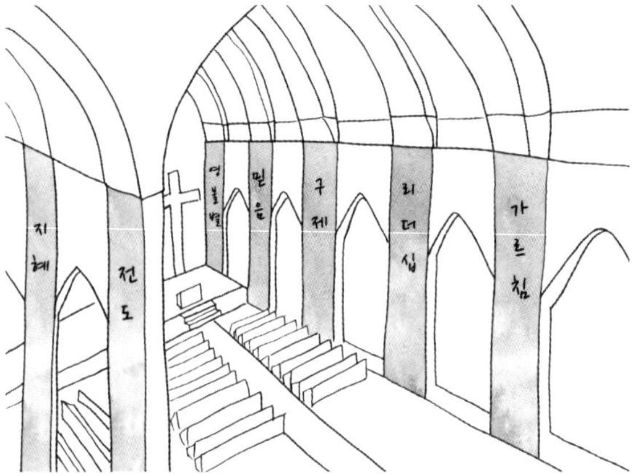

2) 하나님께서 교회 성도들에게 은사를 주시는 이유는 무엇인가? (엡 4:11-16)

3) 다양한 은사가 어떻게 하나가 되어 그리스도의 몸을 온전히 세울 수 있는가? (고전 12:4-6)

4) 어떤 은사들은 다른 은사들보다 분명히 더 소중하게 보일 수 있다(고전 12:28-31). 바울이 그런 은사를 가진 그리스도인들이 자만하지 않도록 하기 위해 강조하는 것은 무엇인가? (고전 12:12-13:3)

(1) 12:12-21

(2) 12:22-25

(3) 12:26

(4) 13:1-3

5) 영적 은사에 대한 자세와 책임의 원리들을 적어 보라 (벧전 4:10, 11; 롬 12:3-8).

베드로전서 4:10-11 [10]각각 은사를 받은 대로 하나님의 여러 가지 은혜를 맡은 선한 청지기
같이 서로 봉사하라 [11]만일 누가 말하려면 하나님의 말씀을 하는 것 같이 하고 누가 봉사하려면
하나님이 공급하시는 힘으로 하는 것 같이 하라 이는 범사에 예수 그리스도로 말미암아
하나님이 영광을 받으시게 하려 함이니 그에게 영광과 권능이 세세에 무궁하도록 있느니라
아멘

로마서 12:3-8 [3]내게 주신 은혜로 말미암아 너희 각 사람에게 말하노니 마땅히 생각할 그
이상의 생각을 품지 말고 오직 하나님께서 각 사람에게 나누어 주신 믿음의 분량대로 지혜롭게
생각하라 [4]우리가 한 몸에 많은 지체를 가졌으나 모든 지체가 같은 기능을 가진 것이 아니니
[5]이와 같이 우리 많은 사람이 그리스도 안에서 한 몸이 되어 서로 지체가 되었느니라 [6]우리에게
주신 은혜대로 받은 은사가 각각 다르니 혹 예언이면 믿음의 분수대로, [7]혹 섬기는 일이면
섬기는 일로, 혹 가르치는 자면 가르치는 일로, [8]혹 위로하는 자면 위로하는 일로, 구제하는
자는 성실함으로, 다스리는 자는 부지런함으로, 긍휼을 베푸는 자는 즐거움으로 할 것이니라

많은 그리스도인들의 문제는 자신에게 주어진 재능과 은사들을 개발하여 사용하지 않으면서 또 다른 은사들을 찾아 얻으려고 하는 것이다. 예수 그리스도께 온전히 순종하며 성령으로 충만할 때, 은사에 대해서도 하나님의 인도하심을 찾을 수 있다.

적용

1. 이 과에서 당신에게 가장 의미 있는 것은 무엇인가?

2. 그리스도의 몸(교회) 안에서 당신이 해야 할 역할을 더 잘 이해하기 위해 다음 단계들을 따르라.

(1) 당신은 한 가지 또는 그 이상의 은사를 받았다. 주신 영적 은사를 깨닫게 해달라고 하나님께 기도하라.

(2) 당신이 하는 어떤 활동들을 주님께서 복 주시는지 생각해 보라. 또한 당신을 잘 알고 있는 성숙한 그리스도인들에게 당신의 은사가 무엇인지 물어보라.

3. 당신의 영적 은사라고 생각하는 것들을 아래에 적어 보라.

(1)

(2)

(3)

외울 말씀 베드로전서 4:10
각각 은사를 받은 대로 하나님의 여러 가지 은혜를 맡은 선한 청지기 같이 서로 봉사하라

읽을 말씀 고린도전서 12장

제5과

물질의 청지기

학 습 목 표 : 우리의 소유를 하나님께 양도하고 기쁨과 감사로 베푸는 것을 배울 수 있다.

구약성경은 모든 소산물과 소나 양 등 가축의 십분의 일은 여호와께 드려야 한다고 가르치고 있다. 십일조는 온 땅이 여호와께 속해 있다는 것을 인식하고 확인하는 표현이다.

십일조(tithe)라는 단어는 십분의 일을 뜻하는 그리스어에서 온 것이다. 십일조는 다음과 같은 목적을 이루기 위한 것이다.

* 우리가 소유한 모든 것의 근원과 소유주가 하나님이심을 인정하는 것이다.
* 자발적인 예배 행위이다.
* 하나님께 우선순위를 둘 것을 가르친다.
* 체계적인 헌금을 위한 실질적인 지침이다.
* 영적인 자유로움과 복을 가져다준다.

십일조를 통해서 우리는 우리가 가진 모든 것을 주신 분이 하나님이라는 것을 인정한다. 우리에게 있는 그 어떤 것도 우리의 소유라고 생각하지 않으며, 청지기로서 그리스도를 위해 전체 가운데 십분의 일을 드리는 것이다.

십일조의 목적은 "당신의 삶에서 하나님을 최우선으로 두라.(경외하라)"는 것이다(신 14:23). 구약시대 이스라엘 백성들은 남은 것 중에서 하나님께 드리지 않았고 첫 소산 중에서 가장 좋은 것으로 드렸다(출22:19, 30; 잠 3:9, 10). 구약성경은 이와같이 십일조에 대해 분명히 가르치고 있다.

헌금에 대한 구약성경의 기준인 소득의 10퍼센트는 신실하고도 헌신된 청지기가 되는 좋은 출발점이다. 그러나 십분의 일만 드리면 하나님께 드릴 책임을 다한 것이고 더 이상의 의무가 없다고 생각해서는 안 된다. 자신들의 헌금을 율법주의가 아닌 십자가의 은혜로 보았던 초대교회 성도들은 헌금을 십일조로 제한하지 않았다. 그들은 십분의 일보다 훨씬 더 많이 드렸다. 그들은 자신들의 삶에서 주님을 증거 하고 성령 안에서 지상명령 성취를 돕기 위해 힘대로 할 뿐 아니라 힘에 넘치도록 자원하여 드렸다(고후 8:3). 십일조는 하나님께서 구약시대의 이스라엘 백성들에게 가르치신 원리를 우리에게 지혜롭게 적용한 것이다.

1 구약성경의 기준

1) 하나님은 모세의 율법 아래 있는 사람들에게 무엇을 명령하셨는가? (레 27:30-33)

레위기 27:30-33 30그리고 그 땅의 십분의 일 곧 그 땅의 곡식이나 나무의 열매는 그 십분의
일은 여호와의 것이니 여호와의 성물이라 31또 만일 어떤 사람이 그의 십일조를 무르려면
그것에 오분의 일을 더할 것이요 32모든 소나 양의 십일조는 목자의 지팡이 아래로 통과하는
것의 열 번째의 것마다 여호와의 성물이 되리라 33그 우열을 가리거나 바꾸거나 하지 말라
바꾸면 둘 다 거룩하리니 무르지 못하리라

2) 이스라엘 백성은 하나님께 드리는 십일조 외에도 무엇을 더 드렸는가? (레 19:9-10; 신 24:19-22)

레위기 19:9-10 [9]너희가 너희의 땅에서 곡식을 거둘 때에 너는 밭모퉁이까지 다 거두지 말고
네 떨어진 이삭도 줍지 말며 [10]네 포도원의 열매를 다 따지 말며 네 포도원에 떨어진 열매도
줍지 말고 가난한 사람과 거류민을 위하여 버려두라 나는 너희의 하나님 여호와이니라

신명기 24:19-22 [19]네가 밭에서 곡식을 벨 때에 그 한 뭇을 밭에 잊어버렸거든 다시 가서
가져오지 말고 나그네와 고아와 과부를 위하여 남겨두라 그리하면 네 하나님 여호와께서 네
손으로 하는 모든 일에 복을 내리시리라 [20]네가 네 감람나무를 떤 후에 그 가지를 다시 살피지
말고 그 남은 것은 객과 고아와 과부를 위하여 남겨두며 [21]네가 네 포도원의 포도를 딴 후에 그
남은 것을 다시 따지 말고 객과 고아와 과부를 위하여 남겨두라 [22]너는 애굽 땅에서 종 되었던
것을 기억하라 이러므로 내가 네게 이 일을 행하라 명령하노라

3) 하나님은 십일조를 드리지 않는 것을 어떻게 책망하셨는가? (말 3:8-9)

4) 온전한 십일조를 드리는 것에 대한 하나님의 약속은 무엇인가? (말 3:10-12)

2 신약성경의 기준

1) 예수님은 구약의 십일조에 대해 어떻게 말씀하셨는가? (마 23:23)

마태복음 23:23 화 있을진저 외식하는 서기관들과 바리새인들이여 너희가 박하와 회향과 근채의 십일조는 드리되 율법의 더 중한 바 정의와 긍휼과 믿음은 버렸도다 그러나 이것도 행하고 저것도 버리지 말아야 할지니라

2) 바울은 고린도교회에게 가난한 그리스도인들을 재정적으로 도우라는 권면을 할 때 마게도니아 교회의 예를 들었다. 마게도니아 교인들은 어떤 태도로 헌금했는가? (고후 8:2-5)

3) 헌금할 때 하나님이 중요하게 여기시는 것은 무엇인가? (막 12:41-44)

마가복음 12:41-44 41예수께서 헌금함을 대하여 앉으사 무
리가 어떻게 헌금함에 돈 넣는가를 보실새 여러 부자는 많
이 넣는데 42한 가난한 과부는 와서 두 렙돈 곧 한 고드란트
를 넣는지라 43예수께서 제자들을 불러다가 이르시되 내가
진실로 너희에게 이르노니 이 가난한 과부는 헌금함에 넣는
모든 사람보다 많이 넣었도다 44그들은 다 그 풍족한 중에
서 넣었거니와 이 과부는 그 가난한 중에서 자기의 모든 소
유 곧 생활비 전부를 넣었느니라 하시니라

4) 하나님은 우리가 헌금을 드릴 때 어떤 태도를 갖기 원하시는가? (고후 9:7)

5) 신약시대의 헌금에 대한 이러한 태도는 구약시대의 십일조 규범과 어떤 차이가 있는가? (고후 9:8-11)

고린도후서 9:8-11 8하나님이 능히 모든 은혜를 너희에게 넘치게 하시나니 이는 너희로
모든 일에 항상 모든 것이 넉넉하여 모든 착한 일을 넘치게 하게 하려 하심이라 9기록된 바
그가 흩어 가난한 자들에게 주었으니 그의 의가 영원토록 있느니라 함과 같으니라 10심는
자에게 씨와 먹을 양식을 주시는 이가 너희 심을 것을 주사 풍성하게 하시고 너희 의의 열매를
더하게 하시리니 11너희가 모든 일에 넉넉하여 너그럽게 연보를 함은 그들이 우리로 말미암아
하나님께 감사하게 하는 것이라

3 하나님 나라를 위해 드리기

1) 당신의 모든 소유물을 사용할 때 가져야 할 동기는 무엇인가? (고전 10:31)

고린도전서 10:31 그런즉 너희가 먹든지 마시든지 무엇을 하든지 다 하나님의 영광을 위하여 하라

2) 예수님께서 제자들에게 주신 가장 중요한 명령을 당신 자신의 말로 요약해 보라. (마 28:19-20)

3) 다음 구절은 지상명령 성취에 대해 무엇을 말해 주고 있는가? (요 14:15)

요한복음 14:15 너희가 나를 사랑하면 나의 계명을 지키리라

4) 오스왈드 스미스(Oswald Smith)는 "열 사람이 무거운 통나무를 옮기고 있는데 한쪽 끝에 아홉 명이 있고 반대쪽 끝에는 한 명이 그것을 옮기려고 애쓰고 있다면, 어느 쪽이 당신의 도움을 더 필요로 할까? 한 사람이 있는 쪽이다." 이것은 복음화된 국가들이 지상명령 성취를 돕기 위해 그들의 자원을 어떻게 균형 있게 사용해야 하는지를 보여 주고 있다.

(1) 우리는 어떻게 구체적으로 지상명령 성취에 동참할 수 있는가?

(2) 당신이 동참하고 있거나 동참하고 싶은 영역은 무엇인가?

헌금은 그리스도 안에 있는 성도들이 누리는 최대 특권 중의 하나이다. 생각해 보라. 우리는 부족한 것이 하나도 없는 우주의 하나님께 물질을 바칠 수 있는 특권이 있다! 이런 헌금의 특권을 우리가 어떻게 거부할 수 있겠는가! 천국에서는 이 귀한 헌금의 특권을 더 이상 가질 수 없다. 우리는 길어야 70, 80년 동안만 이 특권을 누릴 수 있다. 우리들이 천국에서 그리스도와 함께 물려받을 엄청난 보화와 비교해 보라.

하나님께서는 당신이 재정적으로 자유롭기를 원하신다.

– 국제 CCC 창설자 빌 브라이트 박사

재정적으로 자유롭다는 것은 당신이 가족들의 필요를 적절하게 채우며, 하나님의 사역을 위해 넉넉하고 즐겁게 드릴 수 있을 정도의 재물이 있어서 재정적인 의무를 다하는 것을 의미한다. 하나님께서는 우리가 재정적인 자유를 누림으로 우리 삶 가운데 그분이 최우선이길 원하신다. 그래서 그분의 부르심에 민감하게 반응하며 그분이 원하실 때 어디든지 갈 준비가 되어 있기를 원하신다.

이것이 하나님의 계획이라면, 왜 많은 그리스도인들이 재정적인 속박에서 벗어나지 못하는가?

그 이유는 그들이 성경적인 청지기직의 원리를 이해하지 못하고, 돈에 대한 세상적인 철학에 굴복하기 때문이다. 그들은 물질적인 것에는 큰 관심을 갖지만 하나님의 일에는 거의 헌신하지 않는다. 많은 신실한 그리스도인들이 청지기직과 재정적인 계획을 바르게 세워두지 않기 때문에 재정적 속박을 받게 되고, 하나님의 부르심에 순종할 수 없게 된다. 그런 불순종이 그들에게서 기쁨과 평안과 승리와 전도의 열매를 빼앗아버린다.

이 물질주의는 전 세계적으로 팽배해 있다. 뉴욕이나 파리, 캘커타, 나이로비, 심지어는 아마존 오지의 사람까지 나라와 문화권을 뛰어넘어 어떤 형태로든 이 물질주의와 싸우고 있다. 전직 CCC 아시아 담당 부총재인 베일리 막스가 다음과 같은 이야기를 해 주었다.

어느 날 내 친구가 아프리카의 오지 마을에 사는 어느 목사님 댁을 방문했다. 목사님의 집은 아주 평범했다. 나뭇가지와 진흙으로 조잡하게 지어진 그 집엔 볼품없는 가구들이 놓여있었다. 내 친구는 그 목사님에게 "사역을 하면서 느끼는 가장 큰 문제는 어떤 것입니까?"라고 물었다. 목사님은 주저하지 않고 책상을 탁 내리치면서 "물질주의입니다! 우리 마을 사람들이 돼지 한 마리를 갖게 되면 두 마리를 원하고, 돼지 두 마리가 생기면 다시 소를 한 마리 원하고, 다음에는 여러 마리를 원하니까요."라고 소리쳐 말했다고 한다.

내가 이 이야기를 처음 들었을 때는 박장대소를 했었다. 그러나 나중에는 이 문제가 우리에게도 전혀 예외가 아님을 알게 되었다. 우리가 삶에서 얻을 수 있는 진정한 의미와 성취감은 물질의 풍성함에서 오는 것이 아니라, 청지기로서 하나님께서 우리에게 맡기신 것들을 성실하게 관리할 때 발견할 수 있다.

재정의 호흡

진정한 재정적인 자유를 누리려면 영적으로 건강해야 한다. 나는 평생 동안 '영혼의 호흡'을 가르쳐왔다. 영혼의 호흡을 통해서 우리는 죄를 고백함으로 더러운 죄를 내뿜는다. 당신이 죄를 고백하면 하나님은 신실하고 의로우셔서 죄를 용서하시고 모든 불의에서 깨끗하게 하실 것이라고 성경은 말한다(요일 1:9). 또한 우리는 믿음으로 성령 충만을 나의 것으로 받아들임으로써 깨끗한 하나님의 의를 들이마신다. 이것은 "성령으로 충만함을 받으라."는 에베소서 5:18의 명령과 "그의 뜻대로 무엇을 구하면 들으심이라"는 요한일서 5:14-15의 약속에 근거한다. 우리의 재정을 하나님께 드리는 것에 이 원리를 연결하면 '재정의 호흡'이라는 용어를 사용할 수 있다. 당신이 이 원리를 삶에 적용한다면 재정적으로 자유롭게 될 것이다.

당신의 수입은 당신이 수고하여 얻은 것이기 때문에 자신 것이라고 생각할 수도 있다. 그러나 엄밀히 말하면 하나님께서 그것을 벌 수 있도록 해주신 것이다. 하나님이 건강과 환경과 직업을 주셔서 수입을 얻을 수 있었다. 따라서 그 수입은 하나님께서 당신에게 맡겨 주신 자원이다. 그런데 그것을 당신 개인의 소유라고 주장하고 마음대로 쓰면서 하나님의 일을 위해 드리지 않는다면 그것은 죄다.

'재정의 호흡'을 통해 바로 그 죄를 고백하는 것이 '재정적으로 숨을 내쉬는 것'이다. 당신의 모든 시간과 재능과 돈에 대한 하나님의 소유권을 인정하고 하나님께서 주신 것을 다른 사람들과 나누는 것은 '재정적으로 숨을 들이 마시는 것'이다.

재정적으로 내뿜는 일

개인의 소유라고 주장하며 재정을 내 마음대로 쓰면서 하나님의 일을 위해 드리지 않은 죄를 고백하는 것이다.

재정적으로 들이마시는 일

모든 시간과 재능과 돈에 대한 하나님의 소유권을 인정하고 하나님께서 주신 것을 다른 사람들과 나누는 것이다.

〈 재정의 호흡 〉

단순해 보이지만 믿음으로 하는 이 행동은 당신의 모든 영역이 하나님께 속해 있다는 사실에 근거하여 온전한 순종과 헌신을 드리는 것이다. 선한 청지기직은 수입의 범위 내에서 살아갈 것과 신용을 착실하게 관리할 것을 요구한다. 사탄은 그리스도인들이 빚지게 하고, 그로 인한 염려로 절망하게 만들어 영적으로 무기력하고 열매를 맺지 못하도록 호시탐탐 우리를 노리고 있다. 신실한 청지기라면 자신의 수입을 잘 관리해 감당할 수 없을 정도의 빚은 지지 말아야 한다. 모든 그리스도인은 하나님의 복을 관리하는 청지기로서 그리스도를 위해 전도하고 제자 삼는 일을 돕기 위해 자신이 얼마나 드릴 것인지를 계획해야 한다. 당신의 신용을 관리하고 예산에 맞게 사는 것이 그 첫 단계지만, 헌금을 하기 위한 체계적인 계획을 세우는 것 역시 매우 중요하다. 계획이 없으면 물질적인 염려 때문에 하나님의 일을 위해 헌신할 수 없고, 당신은 하나님께서 약속하신 복을 상실하게 된다.

실제적인 출발점으로, 먼저 최소한 수입의 십분의 일(구약의 지혜를 따라)을 하나님의 일을 위해 드리는 것을 제안한다. 수입의 십분의 일을 드리는 것을 '십일조'라고 하는데 가장 기본적인 헌금 방법으로 오늘날 대부분의 그리스도인들이 실천하는 것이다. 십일조(tithe)라는 말은 그리스어에서 유래되었고 십분의 일(the tenth)을 의미하며 하나님 나라를 위해 수입이나 자기 자원의 10퍼센트를 드리는 것을 의미한다. 성경은 십일조의 기원을 아브라함에게서 찾는다. 그는 전리품 중에서 십분의 일을 평화의 왕이며 하나님의 가장 높으신 대제사장인 멜기세덱에게 드렸다(창 14:17-20). 모든 그리스도인의 영적 아버지인(롬 4:16) 아브라함은 우리의 본이 된다. 구약의 모세 시대에도 십일조는 하나님의 사역을 돕는 방법으로, 율법에 규정되어 있었다. '십일조의 목적은 당신의 생활에서 하나님을 항상 제일로 여겨야 한다는 것을 가르치는 데 있다.'(신 14:23)고 모세는 말한다.

오늘날 많은 사람들은 우리가 율법이 아니라 은혜 아래 살고 있기 때문에 "십일조만 드리면 된다(더 드릴 의무는 없다)"는 생각에 반대한다. 율법 아래의 이스라엘 사람들은 최소한 십분의 일을 드렸지만, 은혜 아래 살고 있는 우리는 하나님께서 복 주시는 대로 그보다 더 많이 드려야 한다고 주장한다(고전 16:2). 이런 주장 때문에 많은 사람들이 십일조만을 드려야 한다는 생각보다는 복에 '비례하는 헌금'을 드릴 것을 주장하는데 나도 그 점에 동의한다. 분명한 것은 대부분 사람들에게 십일조는 헌금 생활의 좋은 출발점이라는 사실이다.

우리 삶의 모든 영역에서 주님의 명령에 순종하는 것은 그리스도의 임재와 하늘의 기쁨을 맛볼 수 있는 열쇠다. 예수님은 "나의 계명을 지키는 자라야 나를 사랑하는 자니 나를 사랑하는 자는 내 아버지께 사랑을 받을 것이요 나도 그를 사랑하여 그에게 나를 나타내리라… 사람이 나를 사랑하면 내 말을 지키리니 내 아버지께서 그를 사랑하실 것이요 우리가 그에게 가서 거처를 그와 함께하리라."(요 14:21, 23)고 하셨다. 우리가 하나님께 순종해서 헌금을 한다면 이는 우리를 그분의 보호 아래 있게 해주며 우리를 위한 축복의 문을 여는 것이다.

하나님께서 재정적으로 보호해 주시지 않으시면 우리는 사탄의 공격에 노출된다. 원수는 우리의 자원을 고갈시켜 하나님 나라를 확장할 수 있는 능력을 빼앗아가려고 할 것이다. 그러나 하나님은 "… 내가 너희를 위하여 메뚜기를 금하여 너희 토지 소산을 먹어 없애지 못하게 하며 너희 밭의 포도나무 열매가 기한 전에 떨어지지 않게 하리니"(말 3:11)라고 약속하셨다. 또한 하나님께서 "너희의 온전한 십일조를 창고에 들여 나의 집에 양식이 있게 하고 그것으로 나를 시험하여 내가 하늘 문을 열고 너희에게 복을 쌓을 곳이 없도록 붓지 아니하나 보라."(말 3:10)고 말씀하셨기 때문에 신실하게 십일조를 드리면 우리는 큰 복을 받게 된다.

드리는 일에 불성실하거나 불순종한다면 사탄에게 공격의 빌미를 주는 것이며 하나님을 슬프게 하고 징계를 받게 된다. 재정적으로 어려움을 겪는 그리스도인들에게 내가 하는 첫 질문은 "십일조를 드리고 있습니까?"이다. 그가 하나님께 순종하여 신실하게 십일조를 드리기 전까지는 나는 어떤 도움도 줄 수 없고 격려해 줄 방법도 없다. 종종 가계부나 재무제표를 쓰고 있는 내 아내나 다른 사람들에게 "십일조와 헌금을 드리고 있습니까?"라고 나는 묻는다. 하나님의 것을 도둑질하기보다는 굶고 지내는 것이 낫다(말 3:7-10). 나는 하나님을 사랑하기 때문에 불순종할 수 없다. 하지만 내가 이런 저런 이유를 대며 불순종한다면 하나님께서 징계하실 것을 나는 안다.

당신은 생활 속에서 그리스도의 임재를 경험하고 있는가? 그분의 기쁨, 사랑, 평안 그리고 인도하심을 경험하고 있는가? 그렇지 않다면, 당신은 그분의 명령에 순종하지 않고 있는 것일 수도 있다. 하나님께서 당신에게 맡기신 자원들을 하나님의 일을 위해 쓰지 않는다면 하나님은 당신에게 복을 주실 수 없고, 당신은 삶에 열매가 없고 행복해질 수도 없다.

하나님 나라를 위해서 지혜롭게 그리고 많은 헌금을 드릴 수 있도록 헌금에 대한 개인적인 전략을 세우기 바란다. 당신이 소유한 모든 것을 주신 분, 또한 모든 것의 진정한 소유주가 하나님이라는 사실을 인정하고 그분 앞에서 청지기직을 결산할 준비를 하라. 하나님께 최우선으로 드리라. 그리고 당신의 시간, 재능과 자원들을 잘 관리해서 하늘에 풍성한 보물을 쌓아 그분에게 큰 영광을 돌릴 수 있도록 하라. 그렇게 할 때 당신은 믿음으로 온전한 헌금을 드리는 놀라운 모험, 즉 그분의 부요하심을 즐기며 나눠 주는 것을 경험하게 될 것이다.

적용

1. 이 과에서 당신에게 가장 의미 있는 것은 무엇인가?

2. 당신은 십일조를 어떻게 이해하며 실행하고 있는지 나누어 보라.

2. 나는 즐거운 마음과 감사하는 태도로 주님께 드리고 있는가? 스스로에게 물어보라.

외울 말씀 누가복음 16:13

집 하인이 두 주인을 섬길 수 없나니 혹 이를 미워하고 저를 사랑하거나 혹 이를 중히 여기고 저를 경히 여길 것임이니라 너희는 하나님과 재물을 겸하여 섬길 수 없느니라

읽을 말씀 고린도후서 9장; 마가복음 6:19-34; 25:14-30; 누가복음 12:15-21

제6과

청지기직의 결산

학 습 목 표 : 우리가 청지기로서 마지막 날에 하나님 앞에 결산해야 한다는 것을 알고 이를 준비할 수 있다.

우리가 소유한 것, 시간, 은사와 재능, 물질, 내 생명 등 모든 것의 주인은 하나님이시다. 언젠가 예수님이 이 땅에 다시 오시는 날, 하나님은 우리에게 맡기신 것을 찾으실 것이다. 청지기로서 우리는 이 모든 것의 주인이신 하나님 앞에 결산해야 한다.

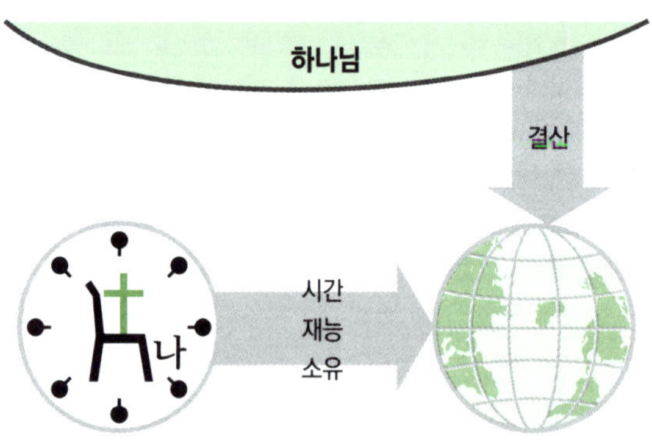

1 청지기로서 하나님 신뢰하기

언제가 결산을 할 청지기로서 가장 중요한 것은 하나님을 신뢰하며 살아가는 것이다. 많은 그리스도인들이 미래의 안전과 행복을 위해 모든 필요를 채워주시겠다고 약속하신 주님을 신뢰하기 보다는 자신들의 투자, 저축, 연금 계획을 의지한다. 덧없는 세상에서 재정적인 안전을 확보하려고 스스로 애쓰면서 우리 인생을 낭비하는 것을 하나님은 원치 않으신다. 안전과 행복을 보장해 줄 수 없는 세상의 시스템이나 자신의 능력을 의지하는 대신 하나님은 우리가 오직 그분만을 의지하기를 원하신다.

1) 하나님은 신뢰할 수 있는 분임을 인정하라.

잠언 3:5-7 5너는 마음을 다하여 여호와를 신뢰하고 네 명철을 의지하지 말라 6너는 범사에
그를 인정하라 그리하면 네 길을 지도하시리라 7스스로 지혜롭게 여기지 말지어다 8여호와를
경외하며 악을 떠날지어다.

* 당신이 하나님의 손에 맡기기 어렵다고 생각하는 삶의 영역들을 생각해 보라. 기도하면서 그 영역들을 그분에게 맡기기로 결단하라.

2) 하나님은 당신이 충만하고 풍성한 삶을 누리기를 원하신다는 것을 깨달으라.

요한복음 10:10 도둑이 오는 것은 도둑질하고 죽이고 멸망시키려는 것뿐이요 내가 온 것은 양으로 생명을 얻게 하고 더 풍성히 얻게 하려는 것이라

* 지금 이 순간 당신은 풍성한 삶을 누리고 있는가? 만약 누리지 못하고 있다면, 무엇이 풍성한 삶을 살지 못하도록 하는가?

3) 두려움을 믿음으로 바꾸라.

디모데후서 1:7 하나님이 우리에게 주신 것은 두려워하는 마음이 아니요 오직 능력과 사랑과 절제하는 마음이니

* 당신의 삶의 여러 영역들 중 두려운 영역이 있다면 적어 보라.

두려움이란 믿음에 반대되는 말이다. 우리가 우리의 모든 필요를 채우시는 하나님을 신뢰하지 못할 때 미래를 염려하게 된다. 그러나 우리의 삶에 대한 하나님의 뜻을 알고 순종하면 두려움을 믿음으로 바꿀 수 있다. 우리가 주님을 신뢰할 수 있는 한 가지 방법은 하나님의 성품을 공부하고 깨닫는 것이다.

4) 당신의 필요를 채워 주시도록 하나님께 간구하라.

요한복음 15:7 너희가 내 안에 거하고 내 말이 너희 안에 거하면 무엇이든지 원하는 대로 구하라 그리하면 이루리라

야고보서 4:2-3 2너희는 욕심을 내어도 얻지 못하고 살인하며 시기하여도 능히 취하지 못하므로 다투고 싸우는도다 너희가 얻지 못함은 구하지 아니하기 때문이요 3구하여도 받지 못함은 정욕으로 쓰려고 잘못 구하기 때문이라

* 당신의 필요를 공급해 주시도록 하나님께 구하라. 하나님께서 당신의 필요를 공급해 주실 것을 믿음으로 기대하라.

5) 마음과 동기의 순수성을 계속 유지하라.

시편 73:1 하나님이 참으로 이스라엘 중 마음이 정결한 자에게 선을 행하시나

시편 51:10 하나님이여 내 속에 정한 마음을 창조하시고 내 안에 정직한 영을 새롭게 하소서

* 순수하지 않은 동기로 어떤 일을 한 적이 있는가? 어떤 동기로 무슨 일을 했는지 나누라.
* 잘못된 동기를 하나님께 고백하라. 당신의 필요를 채워 주시는 하나님을 의지할 수 있도록 성령으로 충만하기를 간구하라.

6) 믿음의 걸음을 걸으라.

히브리서 11:6 믿음이 없이는 하나님을 기쁘시게 하지 못하나니 하나님께 나아가는 자는 반드시 그가 계신 것과 또한 그가 자기를 찾는 자들에게 상 주시는 이심을 믿어야 할지니라

믿음을 성장시킬 수 있는 한 가지 방법은 '믿음의 약속'을 하는 것이다. 시간, 물질, 재능, 사랑, 관심, 제자화에 대한 열정에 대해 당신이 현재 드리는 것보다 한 단계 더 드리겠다는 약속이다. 이는 하나님께서 그 필요를 공급해 주실 것이라는 믿음에 근거한 것이다. 그리스도인의 삶의 가장 본질적인 것은 믿음이다. 당신이 청지기로서 하나님께 받은 모든 것을 하나님께 다시 드릴 때, 하나님은 더 풍성한 것으로 채우실 것을 신뢰하라.

* 당신이 드릴 수 있는 것보다 더 많은 것을 드리도록 하나님이 인도해 주신 일이 있는가?

  '믿음의 약속'을 한번도 해 본 적이 없다면, 어떤 영역이든 지금 이 자리에서 기도하며 실행해 보라.

2 재림과 그리스도인

1) 예수 그리스도께서 재림하시면 그리스도인에게는 어떤 일이 있게 되는가? (고후 5:10)

성경은 모든 사람이 장차 예수 그리스도 앞에서 심판을 받을 것이라고 말한다. 이 땅에 살면서 했던 일, 곧 선한 일이든 악한 일이든 자신이 행한 모든 것에 따라 보응을 받을 것이다.

그리스도인들은 예수 그리스도 안에서 이미 심판받았다(롬 8:1). 죄의 대가를 그리스도가 모두 치루셨다. 그리스도인들은 믿은 후에 행한 일(고전 3:13, '공적')에 관해 보응을 받게 될 것이다.

2) 고린도전서 3:11-15을 읽으라.

(1) 각 사람이 한 일에 대한 하나님의 심판을 어떻게 비유하고 있는가?

(2) 나무나 풀, 짚으로 집을 지었다는 것은 무엇을 의미하는가?

(3) 그리스도인이라면 그가 행한 일은 인정받지 못한다 해도 확신할 수 있는 것은 무엇인가?

3 재림의 시기

1) 예수 그리스도는 언제 재림하시는가? (행 1:6-7; 참고 마 24:14)

사도행전 1:6-7 [6]그들이 모였을 때에 예수께 여쭈어 이르되 주께서 이스라엘 나라를 회복하심이 이 때니이까 하니 [7]이르시되 때와 시기는 아버지께서 자기의 권한에 두셨으니 너희가 알 바 아니요

2) 예수님께서 재림의 때를 오랫동안 기다리시는 이유가 무엇인가? (벧후 3:9)

베드로후서 3:9 주의 약속은 어떤 이들이 더디다고 생각하는 것 같이 더딘 것이 아니라 오직 주께서는 너희를 대하여 오래 참으사 아무도 멸망하지 아니하고 다 회개하기에 이르기를 원하시느니라

3) 예수님께서 재림하실 때까지 우리는 무슨 일에 전념해야 하는가? (행 1:8)

사도행전 1:8 오직 성령이 너희에게 임하시면 너희가 권능을 받고 예루살렘과 온 유대와 사마리아와 땅 끝까지 이르러 내 증인이 되리라 하시니라

4 재림 때에 일어날 일

마가복음 13장은 그리스도의 재림이 가까워 올 때 세상에서 일어날 일을 말하고 있다.

1) 종교계에서는 영적으로 어떤 일이 일어나는가? (5-6, 21-22절)

2) 세상에는 어떤 일들이 일어나는가? (7-8절)

3) 참된 그리스도인들에게는 어떤 일이 일어나는가? (12-13절)

4) 예수님의 재림이 가까워질수록 그분의 청지기인 그리스도인들은 어떻게 해야 하는가? (33절)

많은 그리스도인들은 마태복음에 기록된 주님의 명령에 순종하지 않아서 하나님의 특별한 축복을 놓친다.

"너희를 위하여 보물을 땅에 쌓아 두지 말라 거기는 좀과 동록이 해하며 도둑이 구멍을 뚫고 도둑질하느니라 오직 너희를 위하여 보물을 하늘에 쌓아 두라 거기는 좀이나 동록이 해하지 못하며 도둑이 구멍을 뚫지도 못하고 도둑질도 못 하느니라 네 보물 있는 그곳에는 네 마음도 있느니라"(마 6:19-21)

예수님은 이 땅에 보물을 쌓아 두면 우리가 곧 세상의 모습을 띄게 되리라는 것을 아셨다. 이기적인 욕망 때문에 우리 자신의 영광을 추구하게 된다. 반대로 보물을 하늘에 쌓아 두게 되면 우리는 하나님의 영광을 나타내게 된다. 사람들을 하나님 나라로 인도하려는 모든 노력과 행동, 사랑의 모든 표현과 헌신들은 하나님의 창고에 보물을 쌓는 것이다.

하나님은 우리의 시간, 은사와 재능, 물질을 드려 그리스도를 땅 끝까지 전하라는 주님의 지상명령 성취에 얼마나 충성스럽게 순종했는지에 대해서 책임을 물으실 것이다. 바울은 다음과 같이 기록하고 있다.

"우리가 다 하나님의 심판대 앞에 서리라 이러므로 우리 각인이 자기 일을 하나님께 직고하리라."(롬 14:10,12)

하나님은 한 영혼을 천하보다도 귀하게 여기신다. 한 영혼을 구원하는 일에 있어서는 너무 큰 문제도, 너무 깊은 굴욕도, 너무 심한 고난도, 너무 강한 사랑도, 너무 힘든 수고도, 너무 많은 비용도 있을 수 없다. 그것은 그만한 가치가 있는 것이다.

충성된 청지기로서 우리의 주된 책임은 지상명령 성취를 돕는 것이다. 예수님이 승천하시기 전 "가서 모든 족속으로 제자를 삼으라"(마 28:19)고 명하셨던 주님의 마지막 명령에 우리는 책임을 다해야 한다. 예수님께서는 재림하시는 마지막 날, 우리가 한 모든 일과 주님의 지상명령에 얼마나 충성스럽게 순종했는지에 대해 결산하실 것이다.

지혜롭고 충성된 청지기로서 우리는 하나님을 신뢰하고 주님이 주신 시간, 재능, 소유 등 모든 것을 그리스도를 전하는 일에 드리며 그리스도가 다시 오실 때까지 깨어 있어야 한다.

적 용

1. 이 과에서 당신에게 가장 의미 있는 것은 무엇인가?

2. 충성된 청지기로서 우리의 주된 책임은 지상명령 성취를 돕는 것이다. 하나님께서 당신을 부르셔서 청지기직을 결산하자고 하신다면 당신은 그분에게 어떻게 말하겠는가? (눅 16:1, 2; 히 4:13; 벧전 4:5)

3. 당신은 어떤 방법으로 하늘에 보물을 쌓고 있는가?

4. 다음의 청지기직 수행 계획서를 작성하라.

적용

청지기직 수행 계획서

1. 하나님께서 당신의 시간, 재능, 소유와 돈을 어디에 얼마를 사용하기 원하시는지를 알기 위해 기도로 시작하라.

2. 아래의 각 영역에서 매달 얼마를 어떻게 드릴지 기도하는 마음으로 구체적인 계획을 세우라.
   - ◆ 시간:
   - ◆ 재능:
   - ◆ 소유:
   - ◆ 돈:

3. 당신의 계획을 하나님께 말씀드려라. 당신의 자원들을 통해 하나님께 영광 돌릴 수 있도록 최선의 방법을 주시도록 기도하라.

4. 당신의 청지기직을 통해 하나님께서 당신에게 복 주실 것을 기대하며 즐거운 마음으로 당신이 세운 계획을 실행에 옮기라.

외울 말씀 고린도후서 5:10

이는 우리가 다 반드시 그리스도의 심판대 앞에 나타나게 되어 각각 선악 간에 그 몸으로 행한 것을 따라 받으려 함이라

읽을 말씀 누가복음 19:12-27; 마태복음 24-25장

MEMO